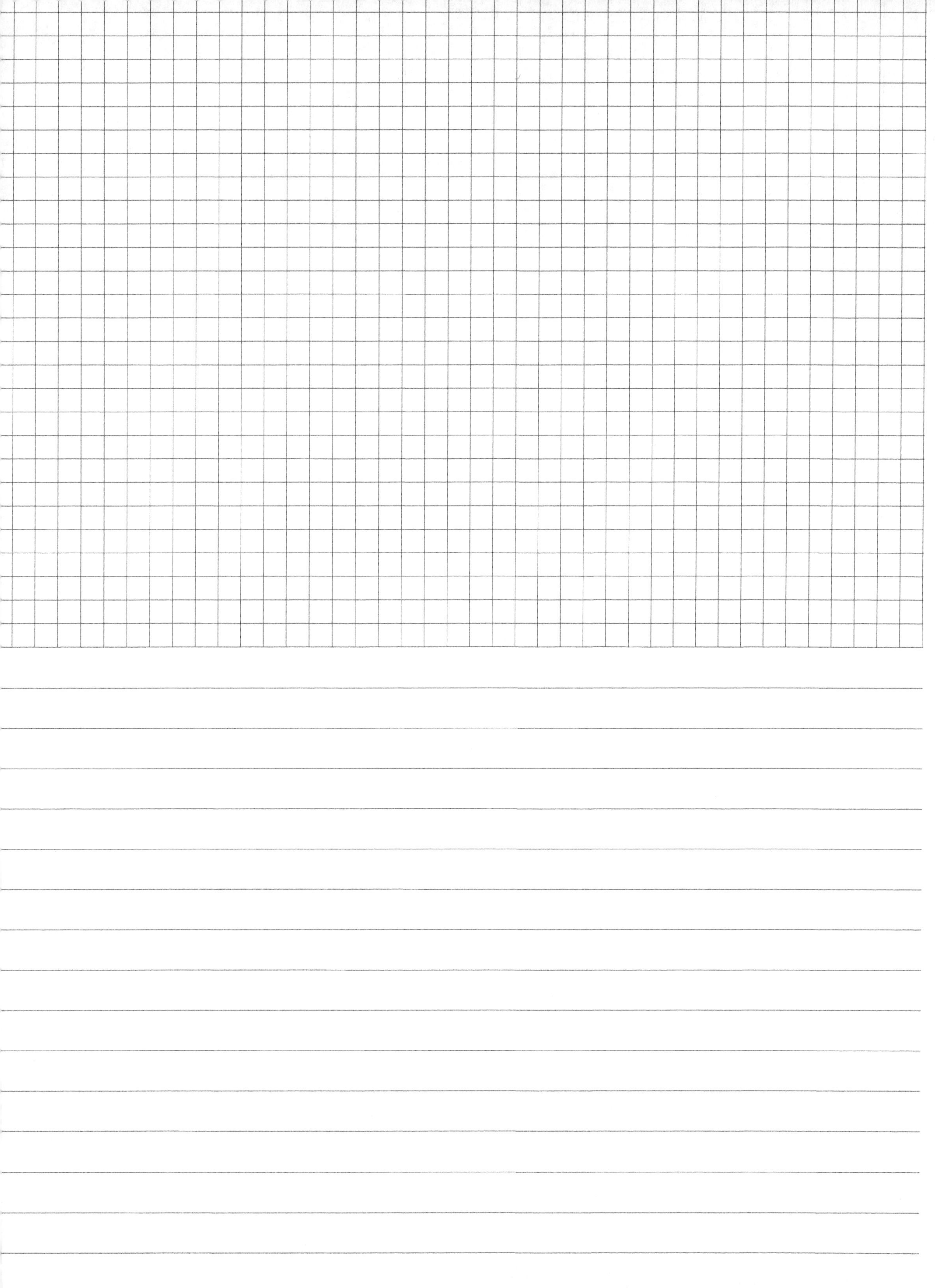

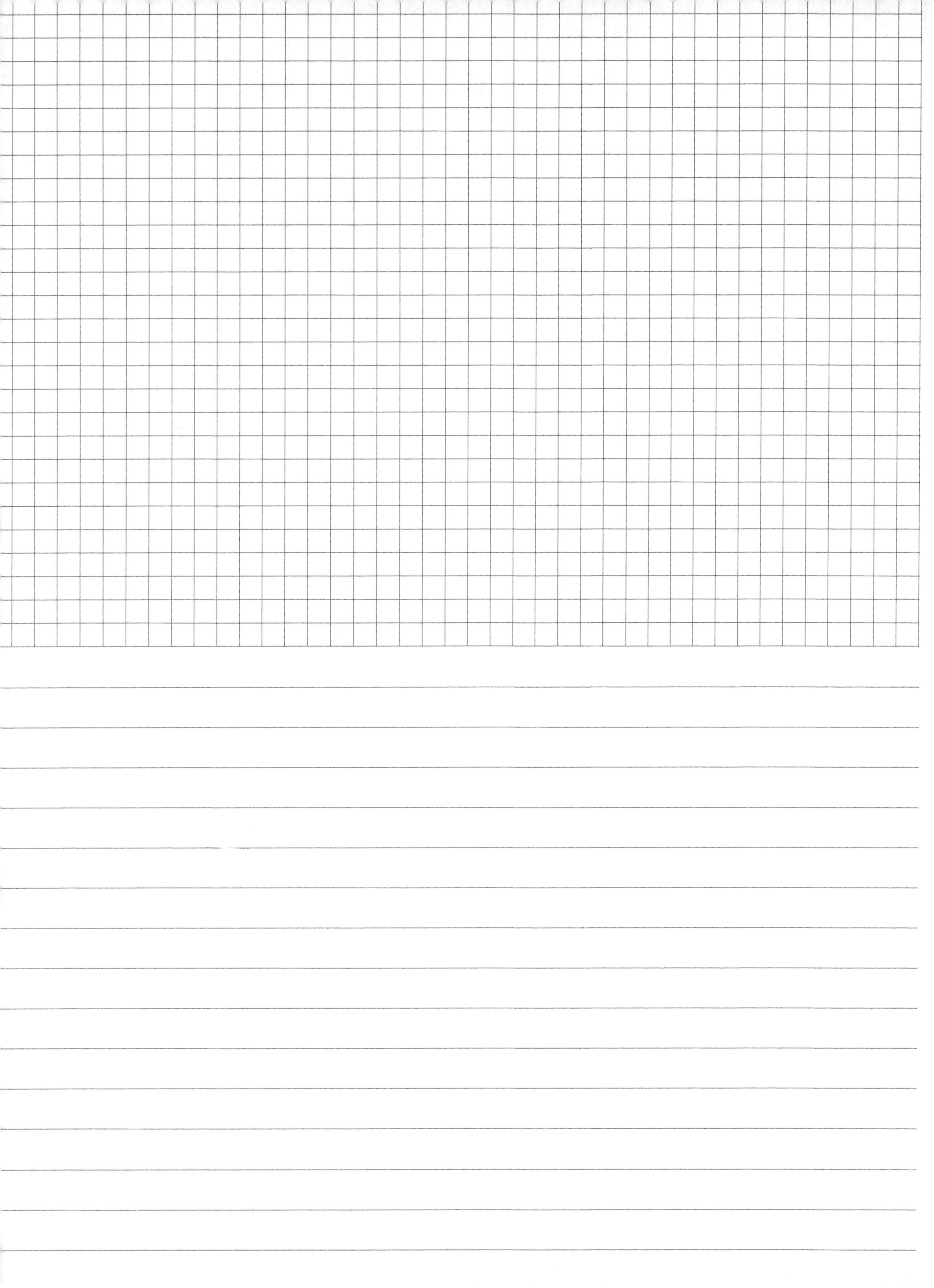

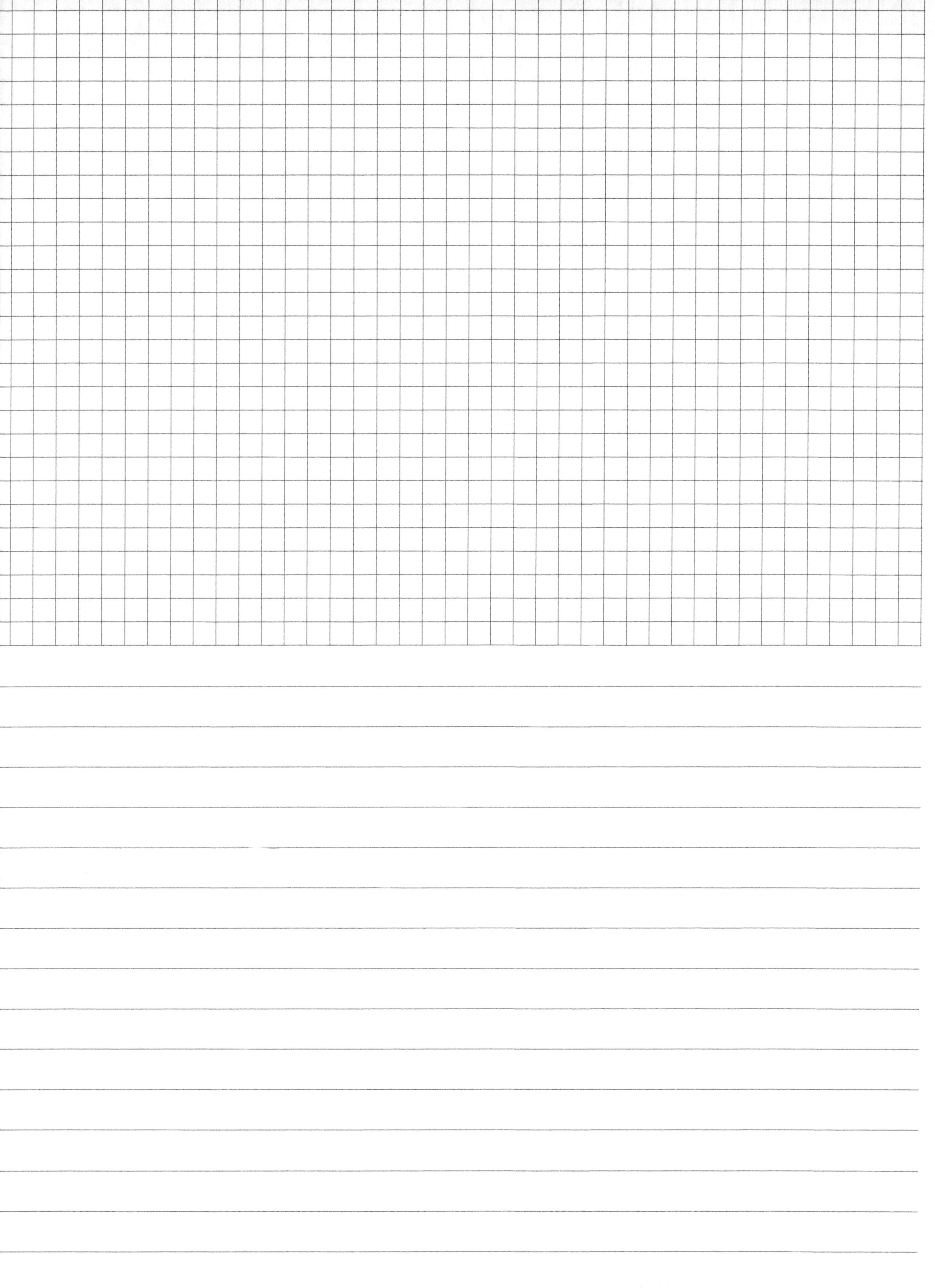

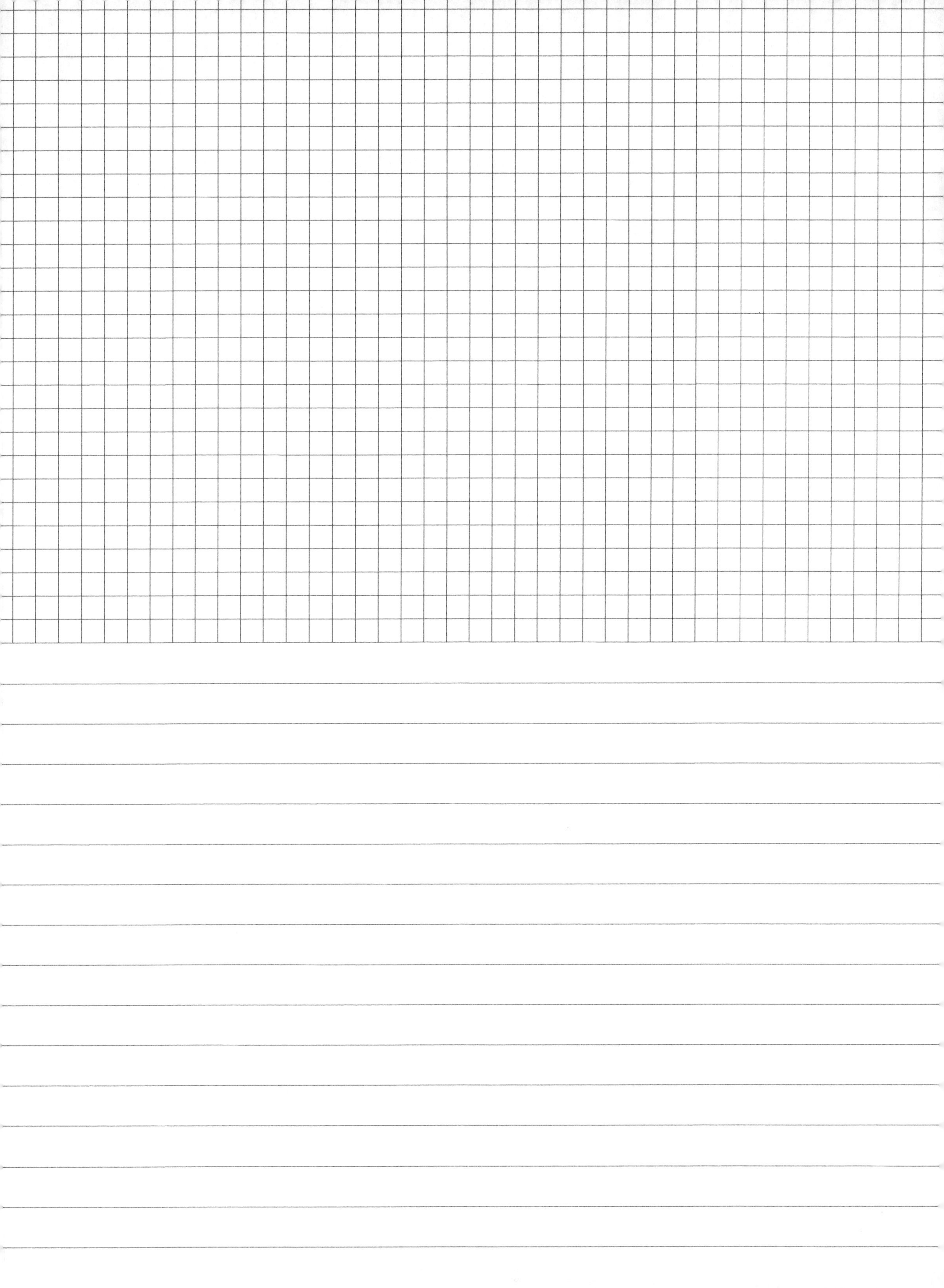

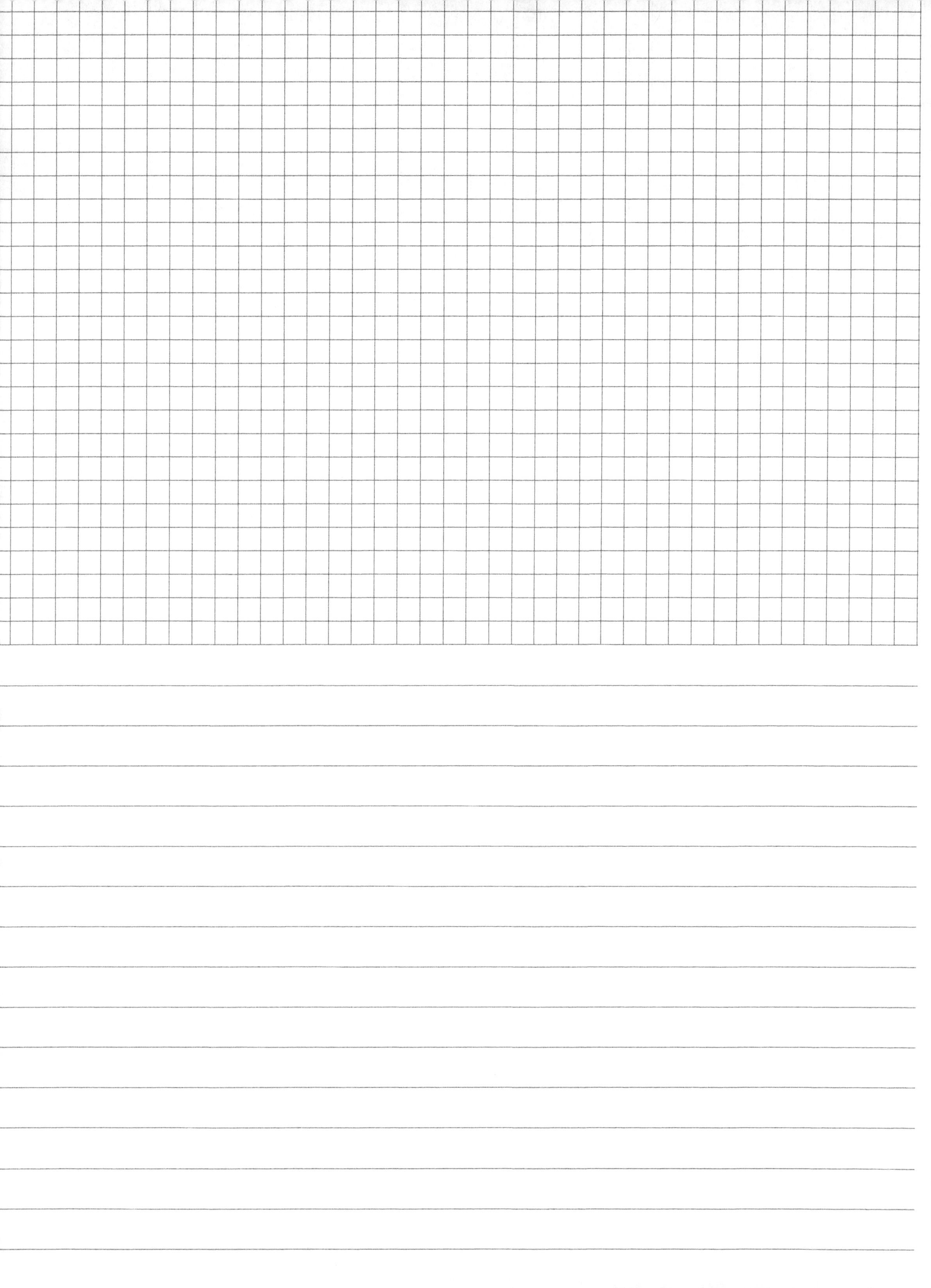

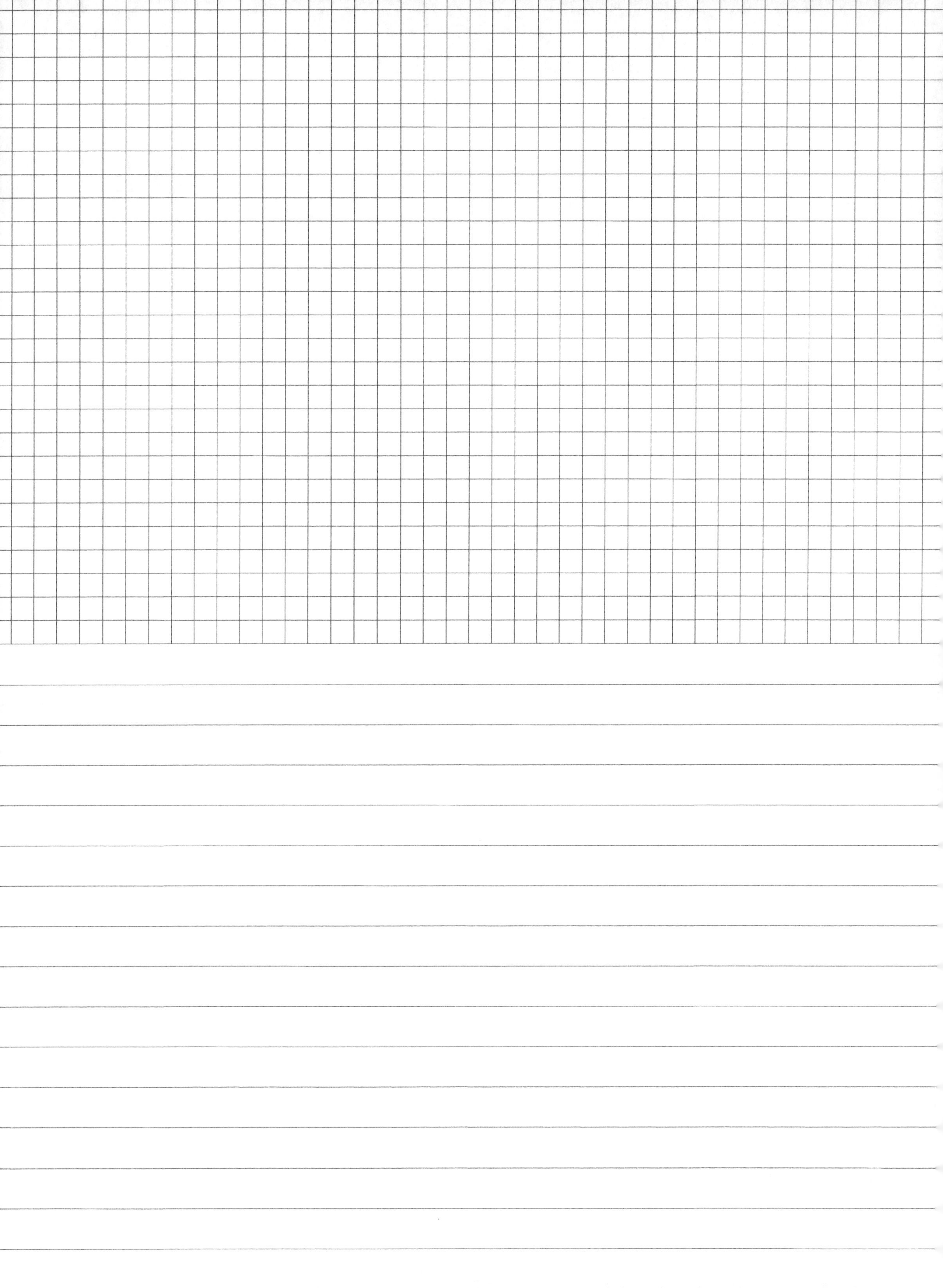

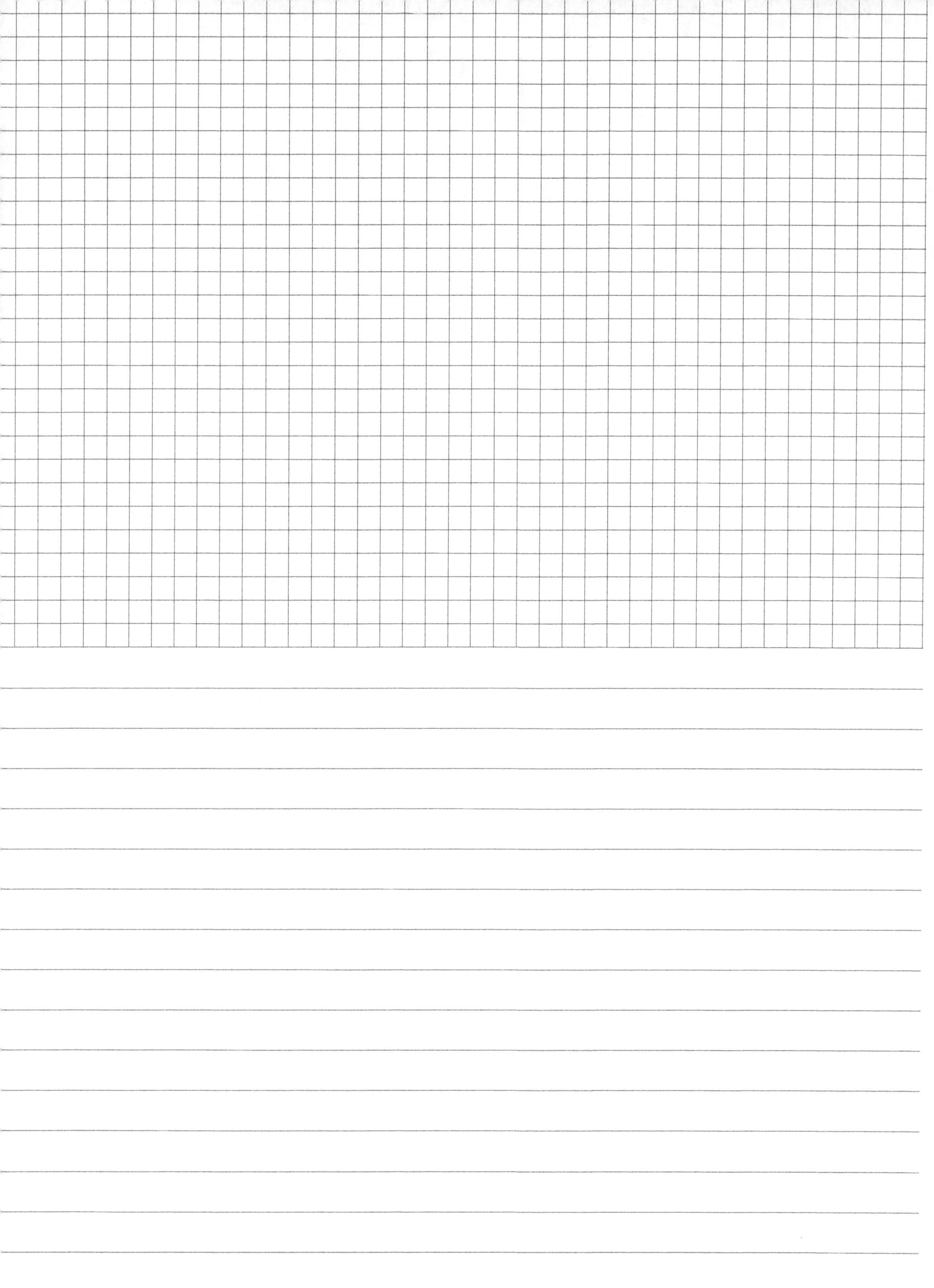

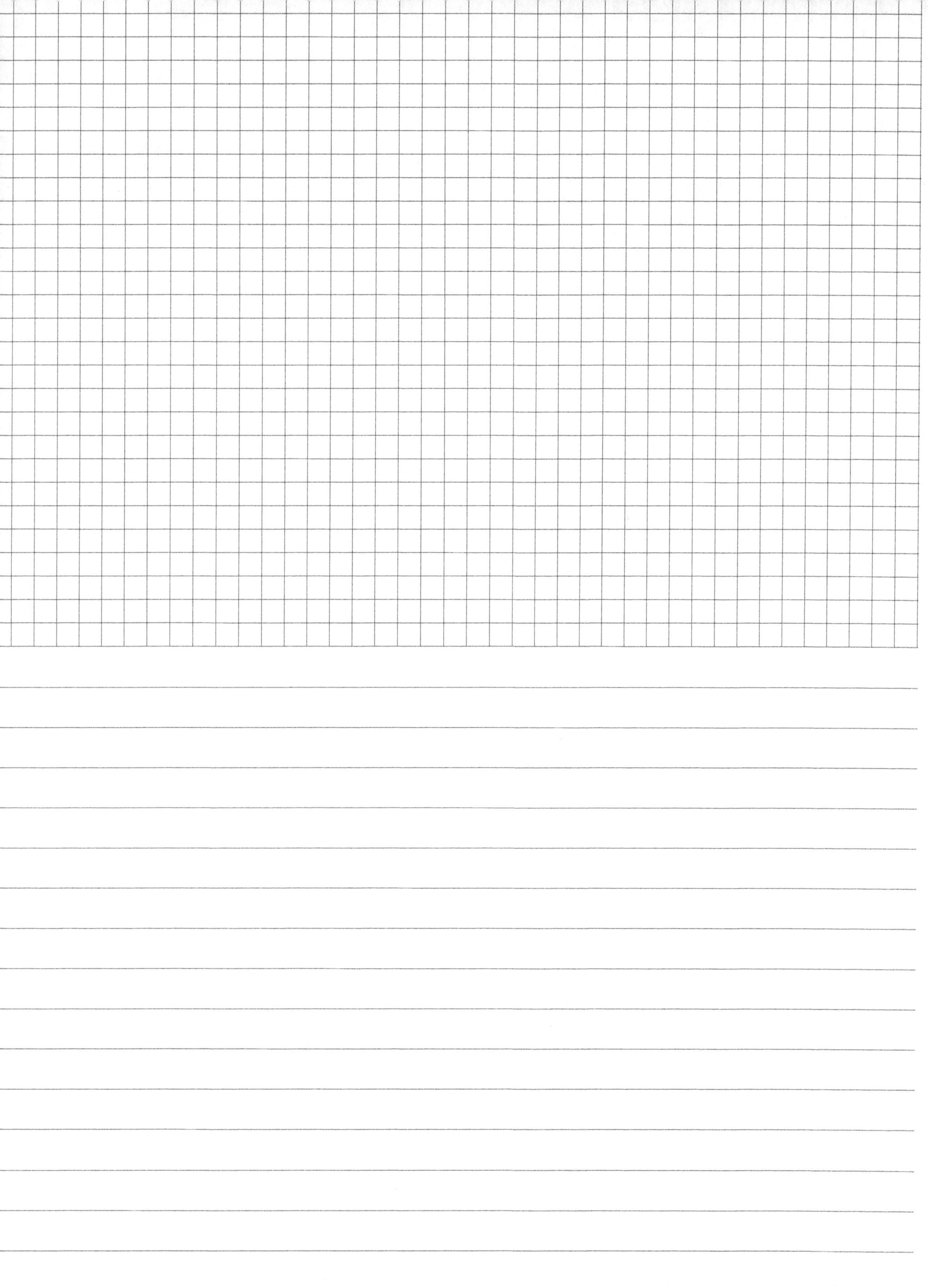

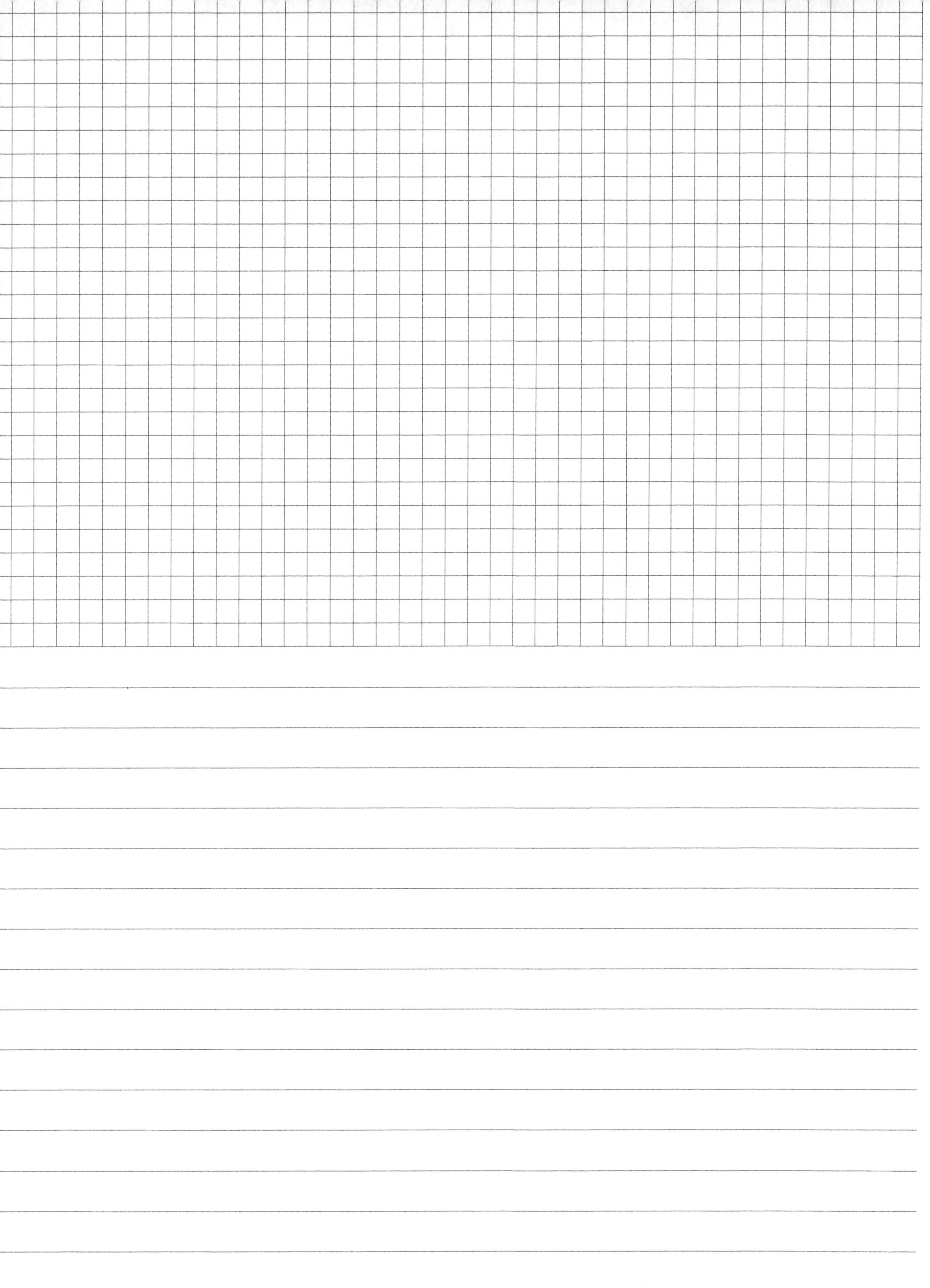

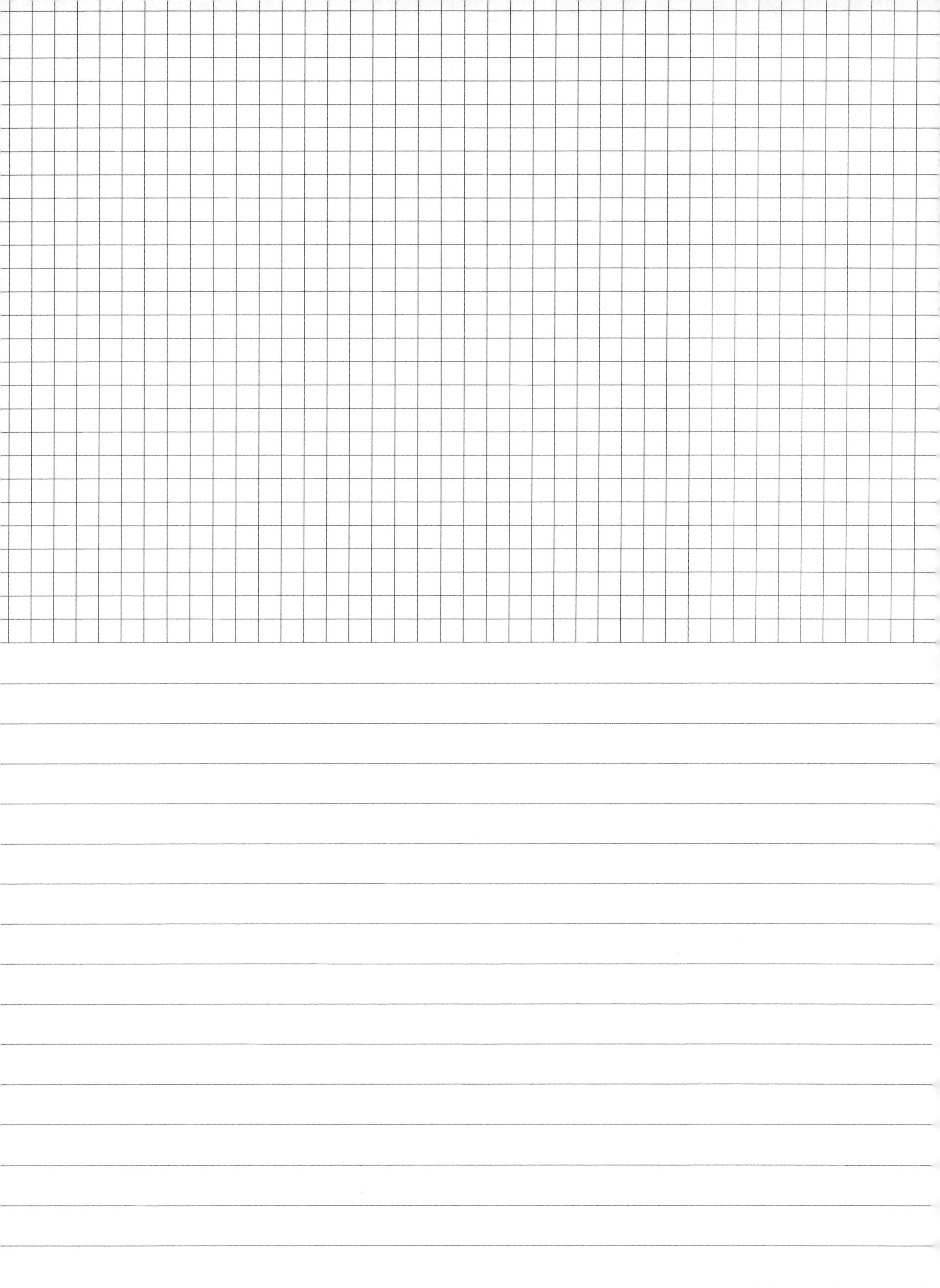

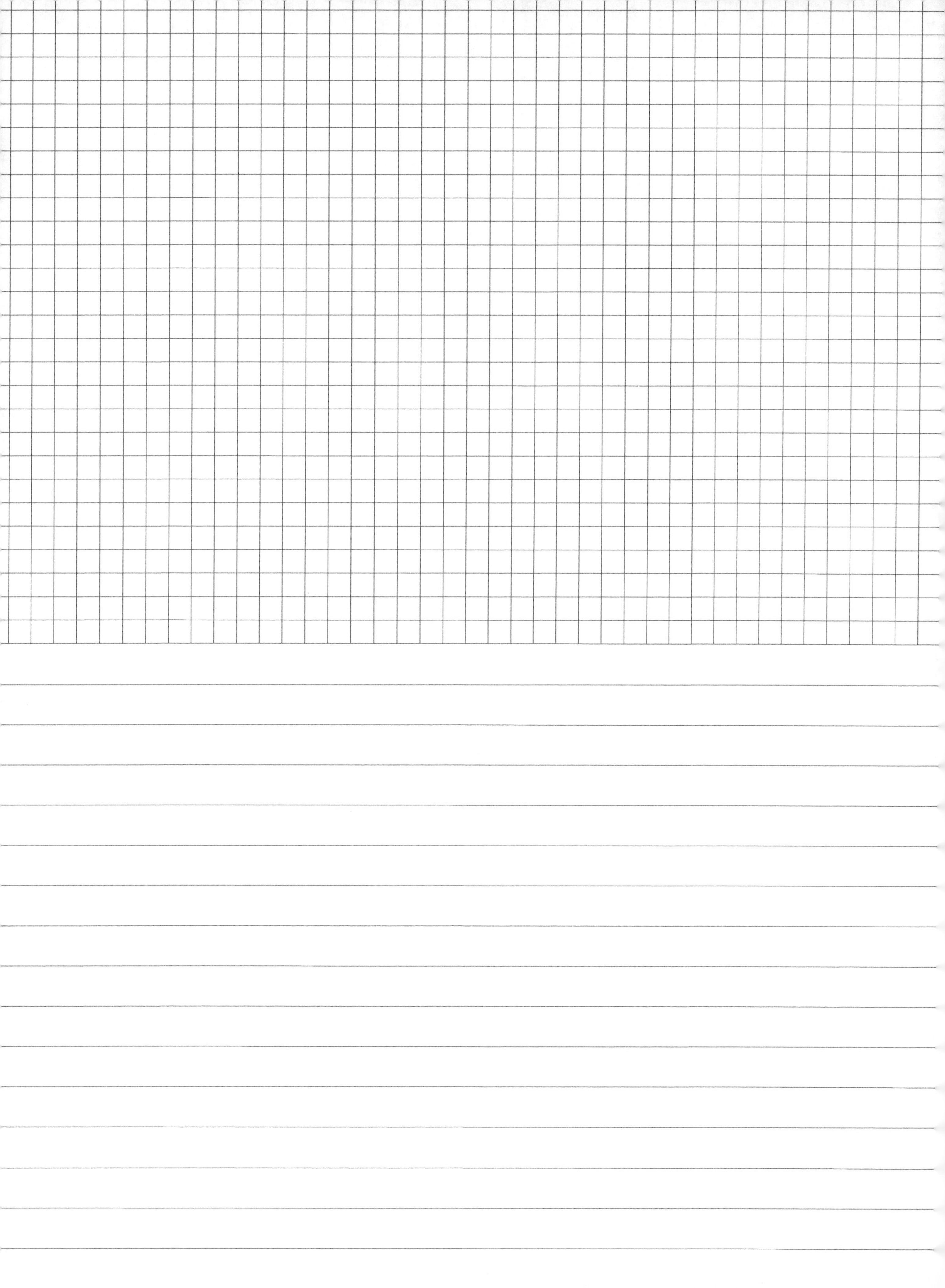

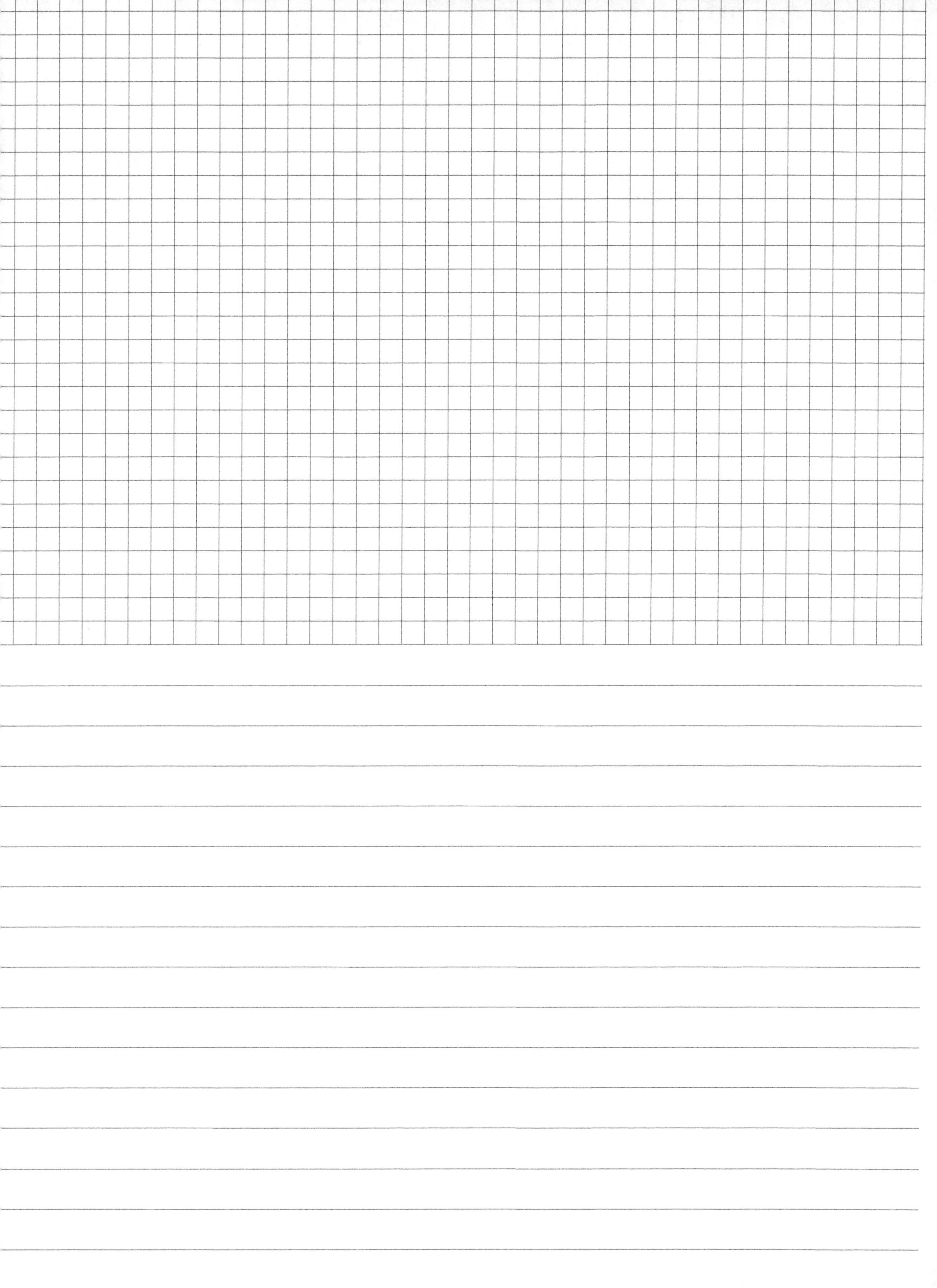

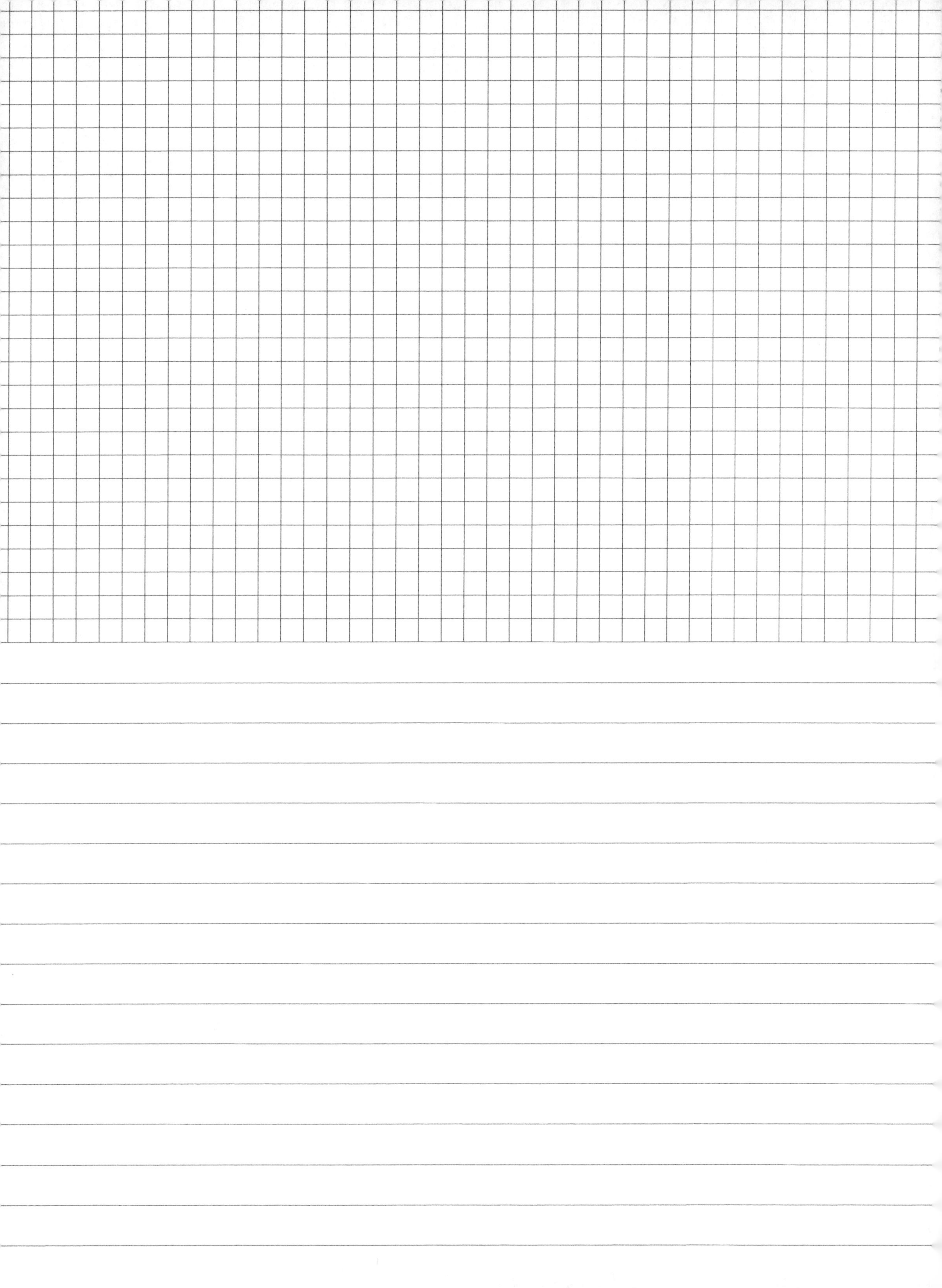

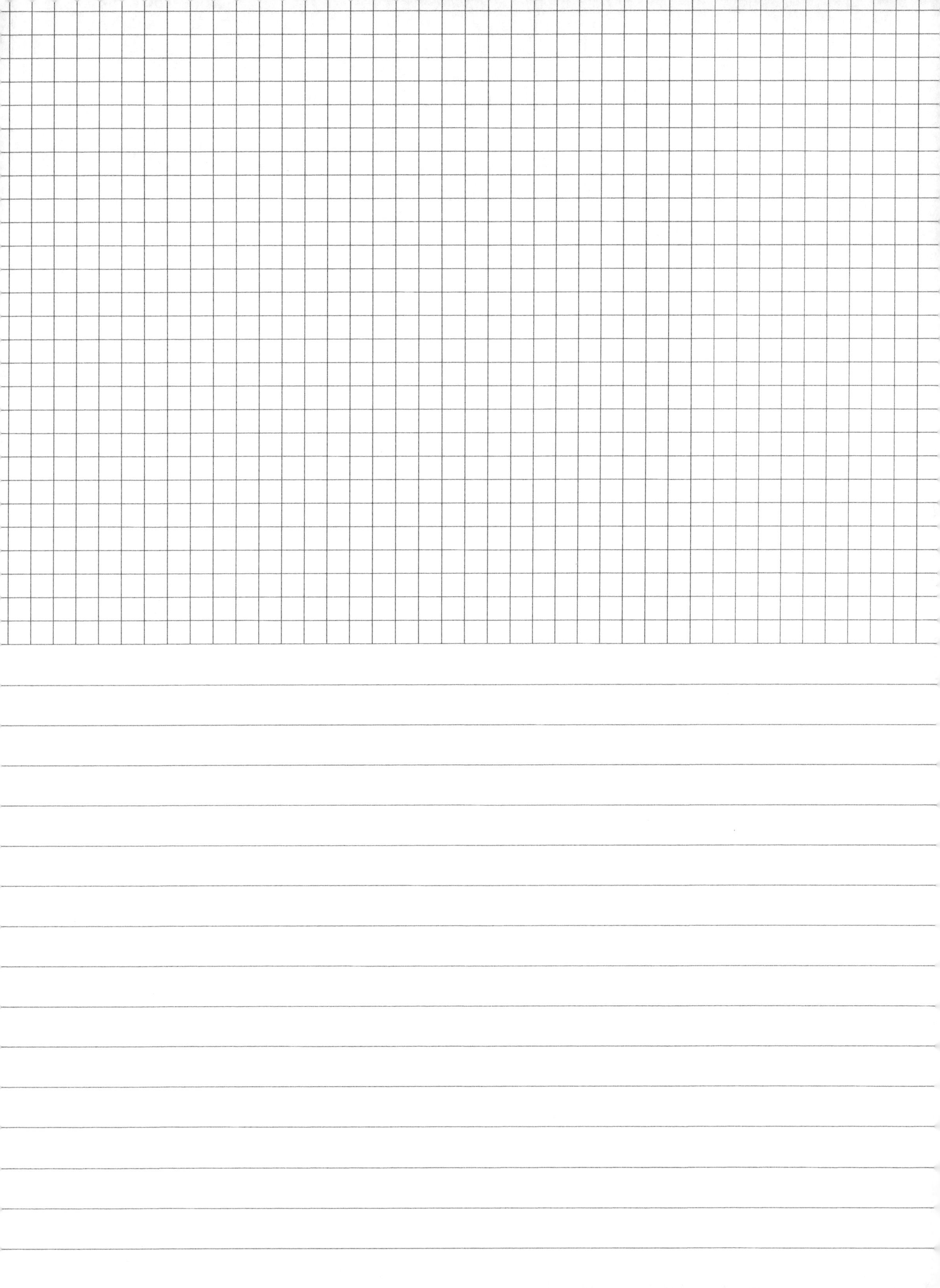

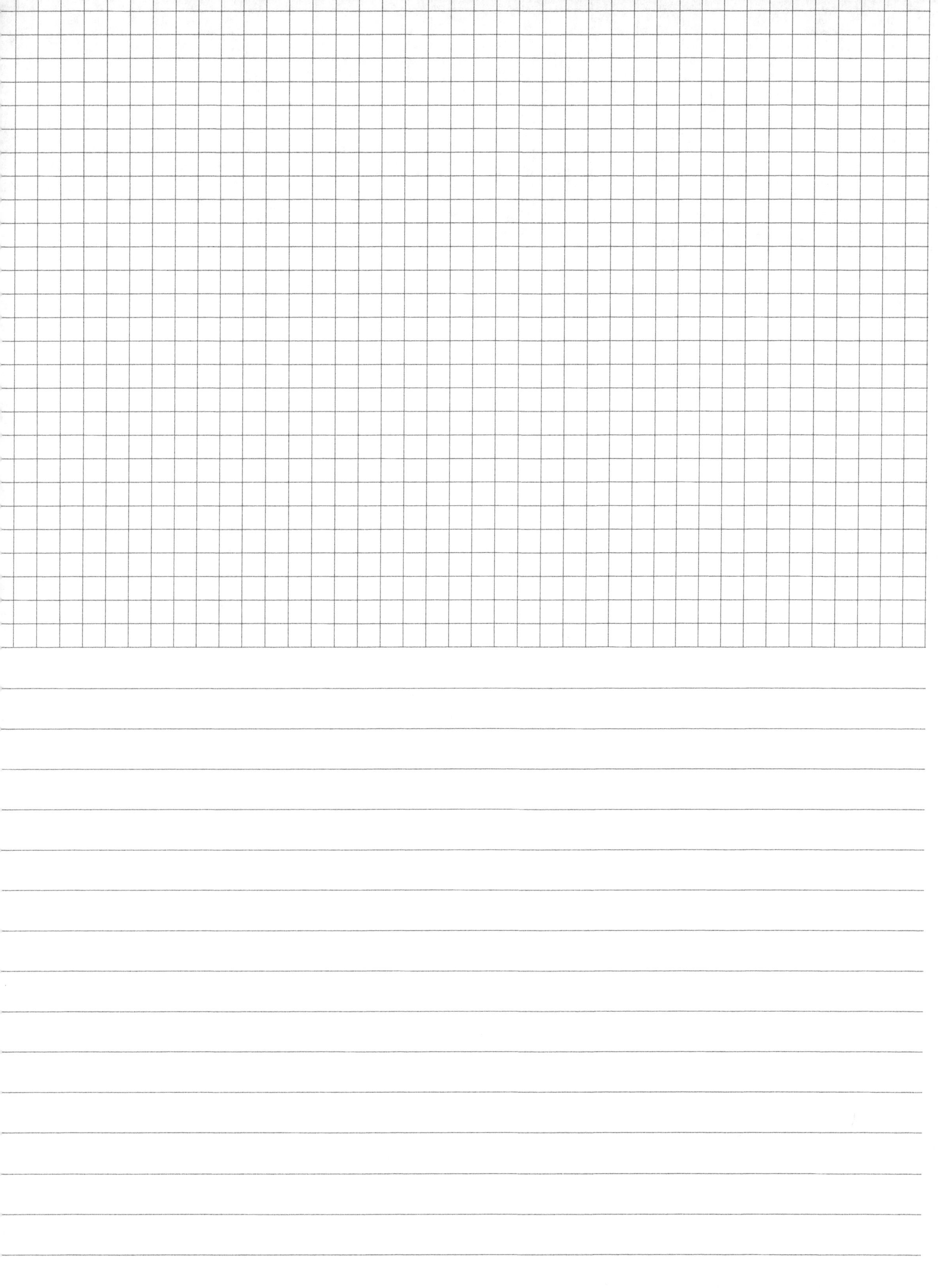

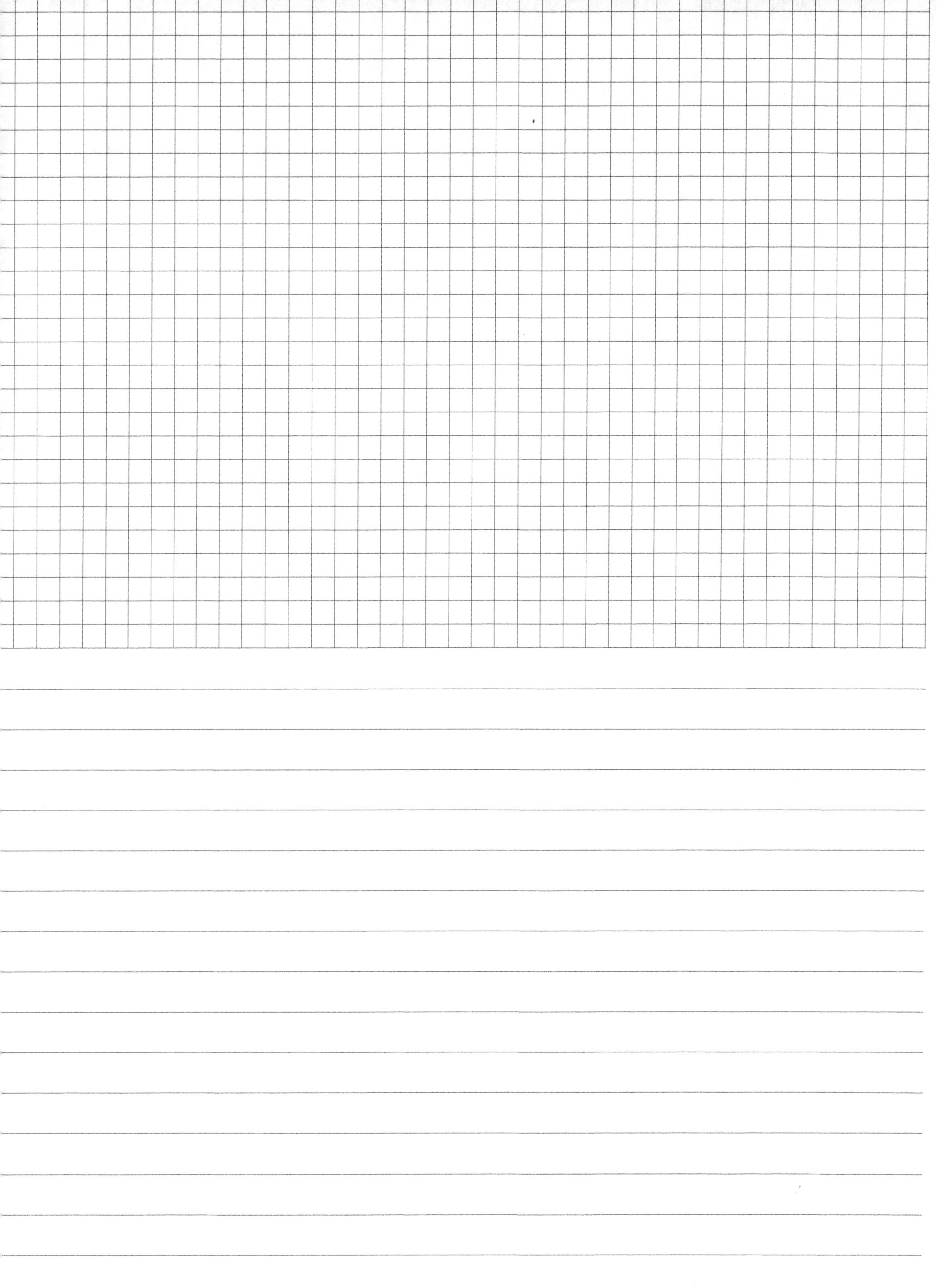

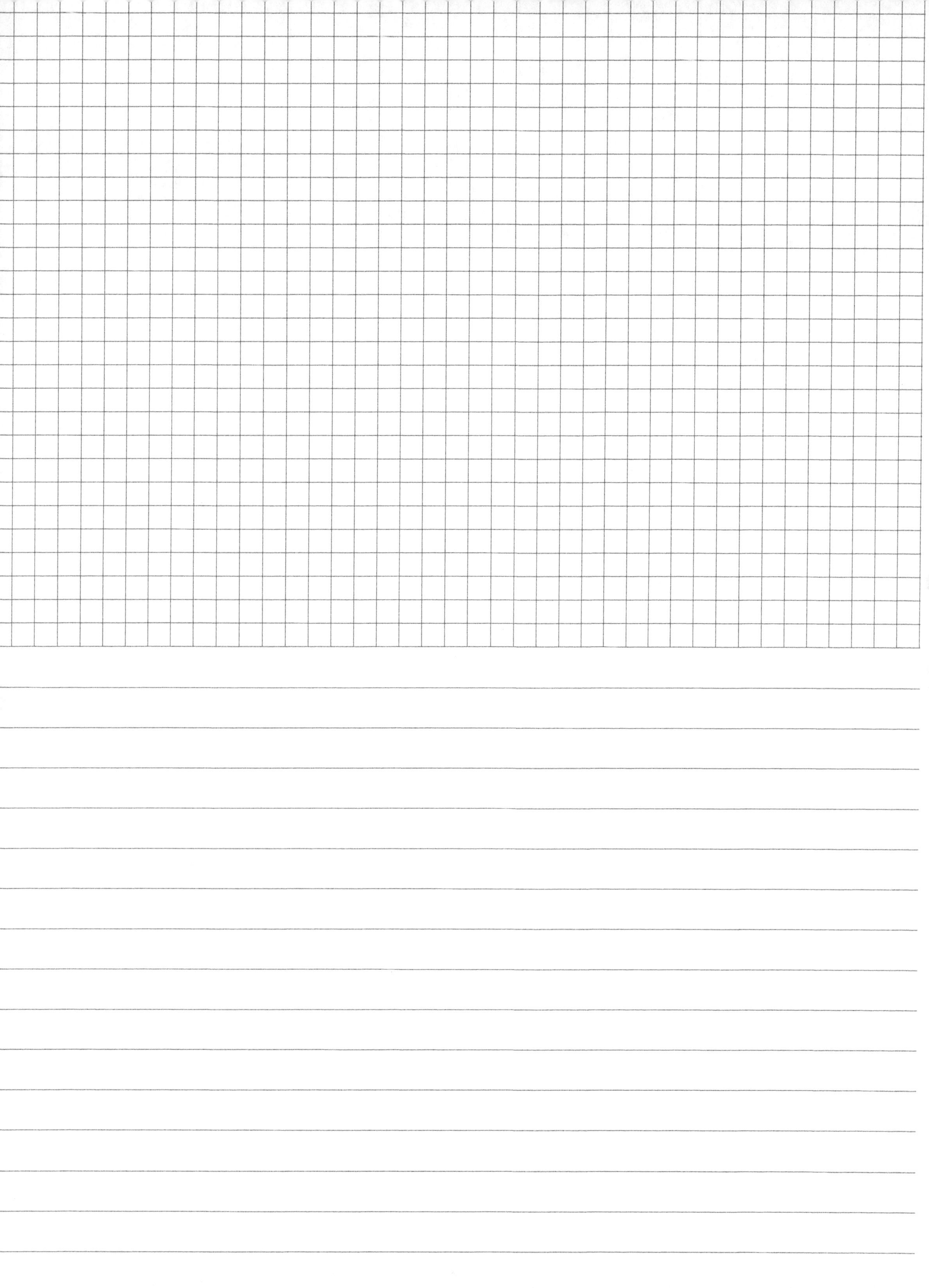

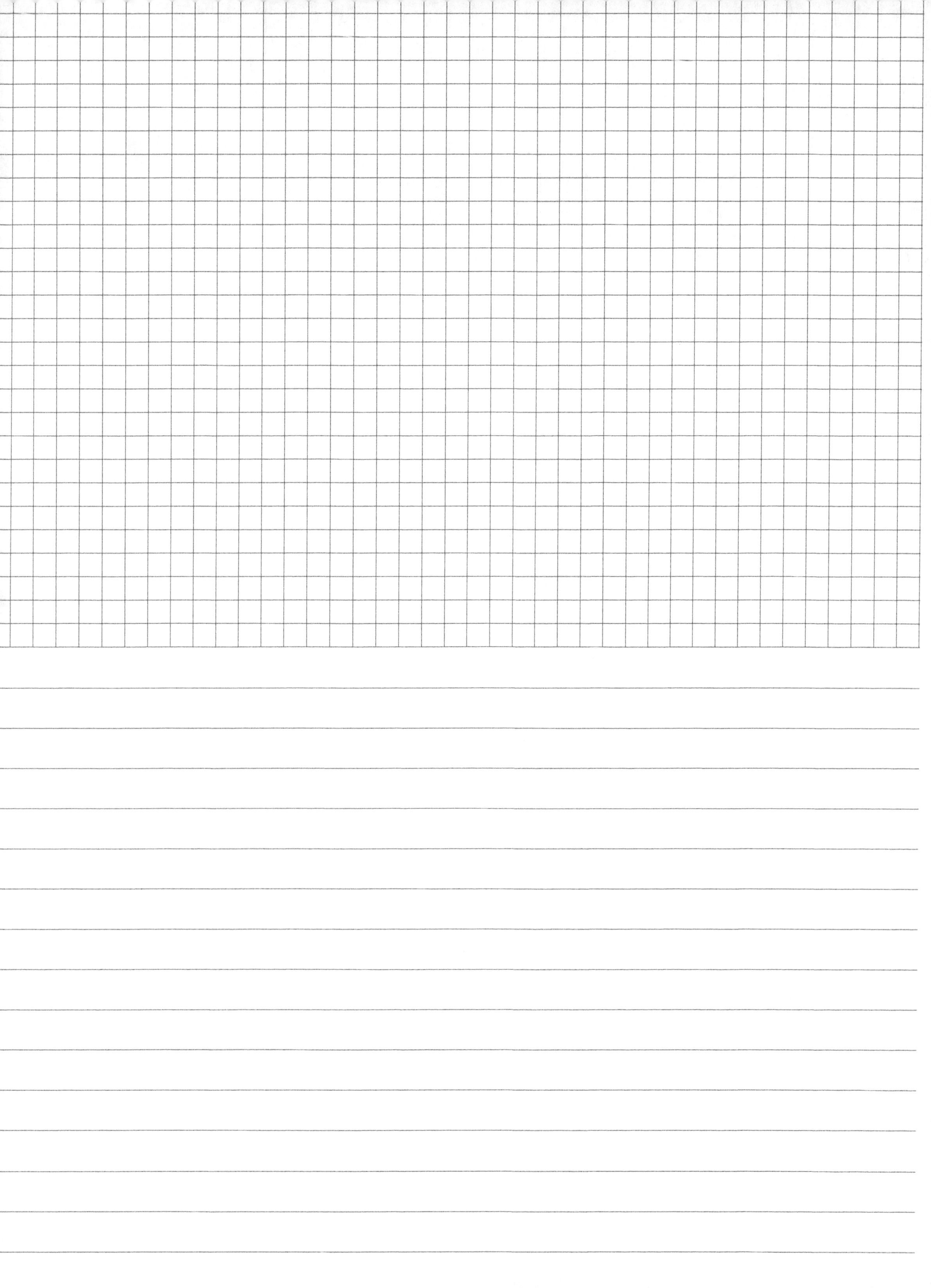

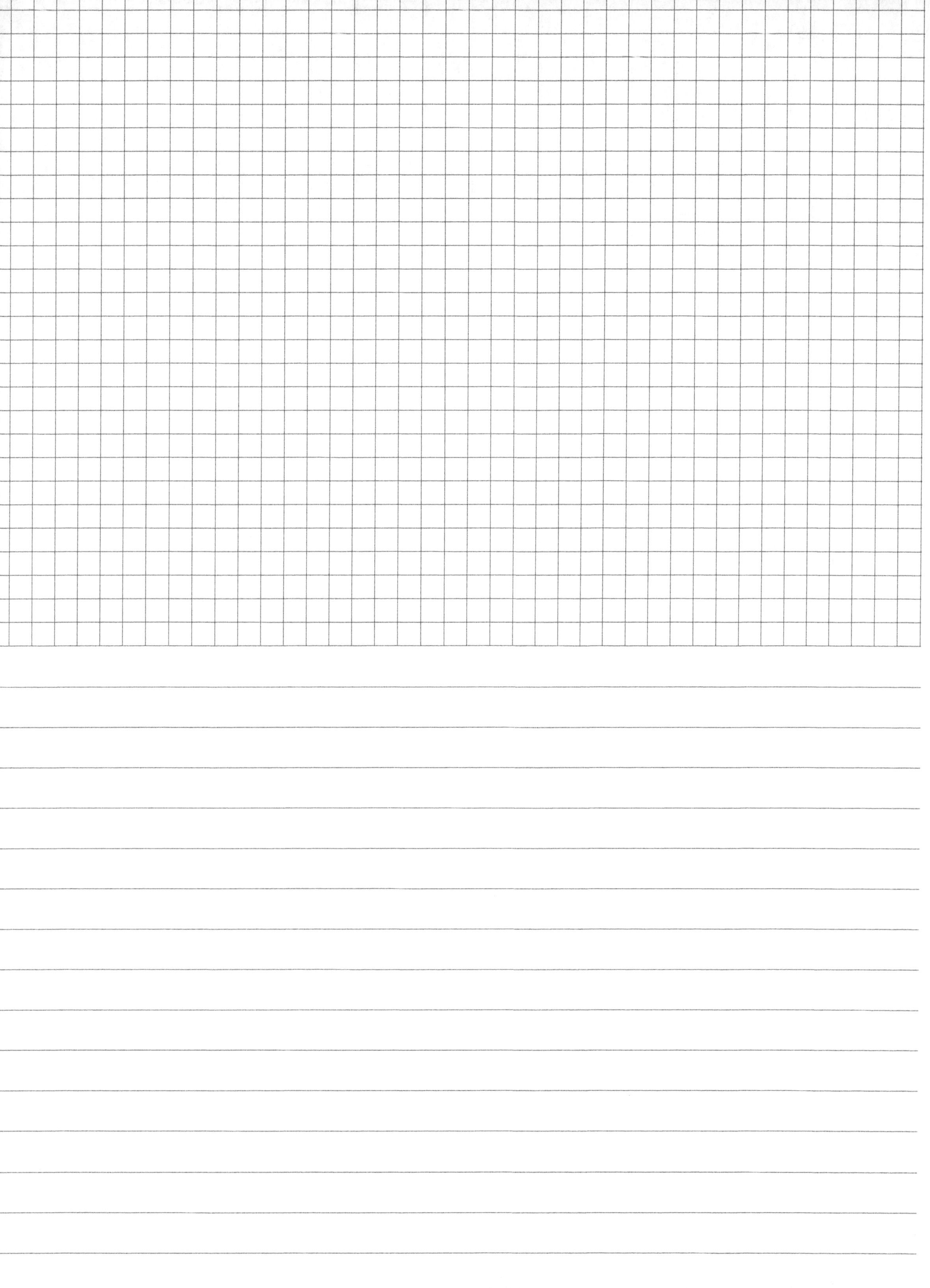

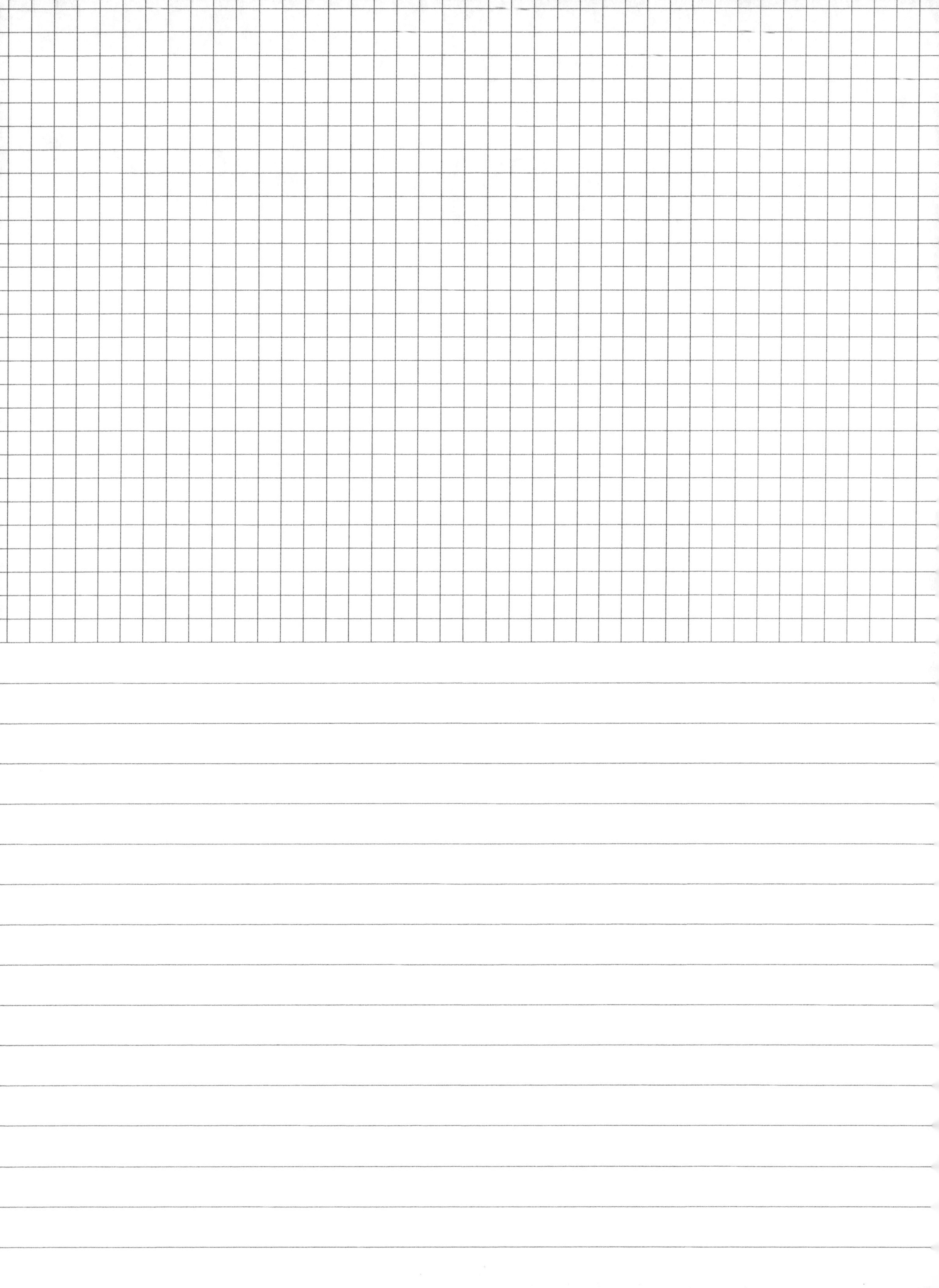

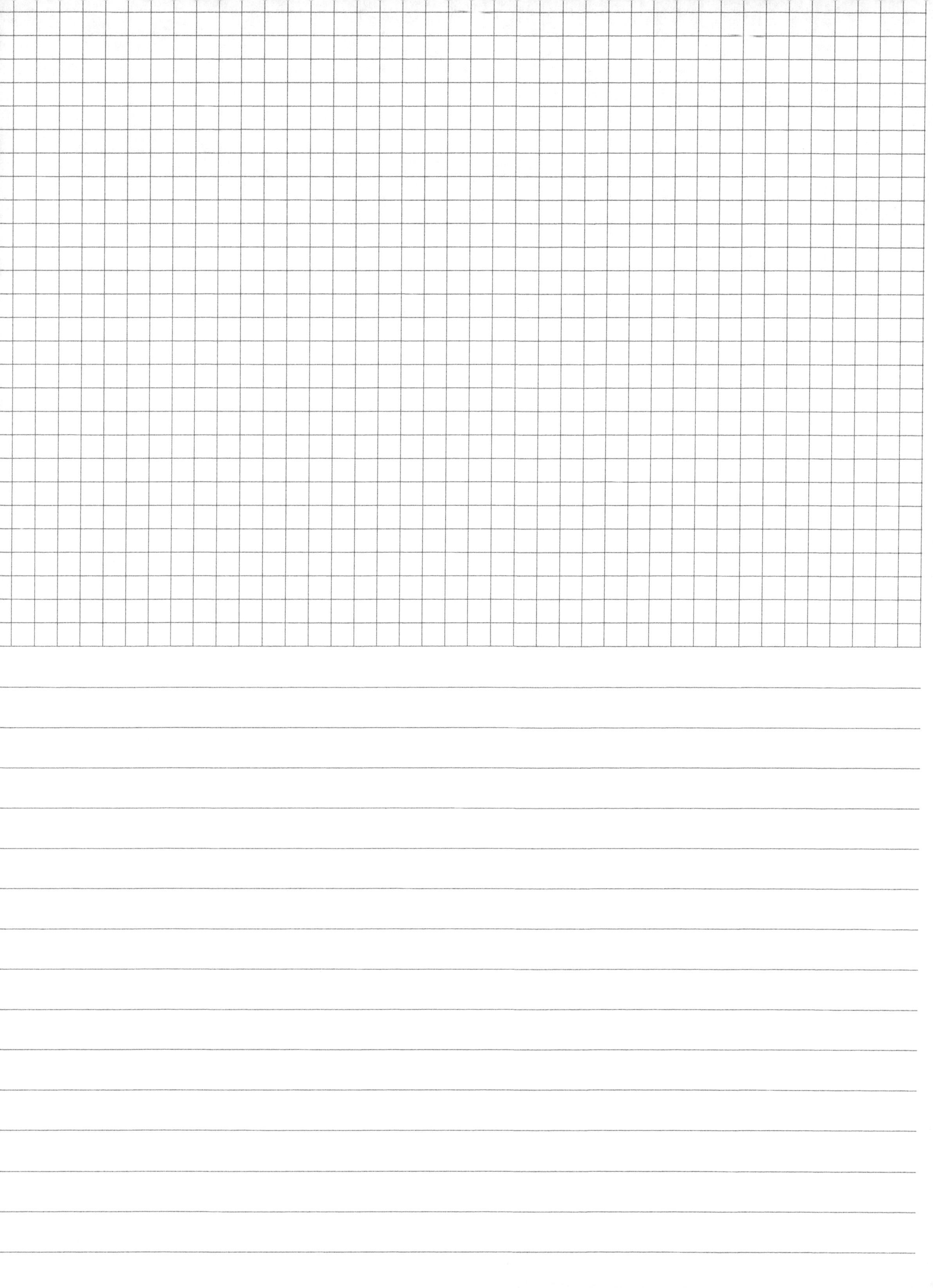

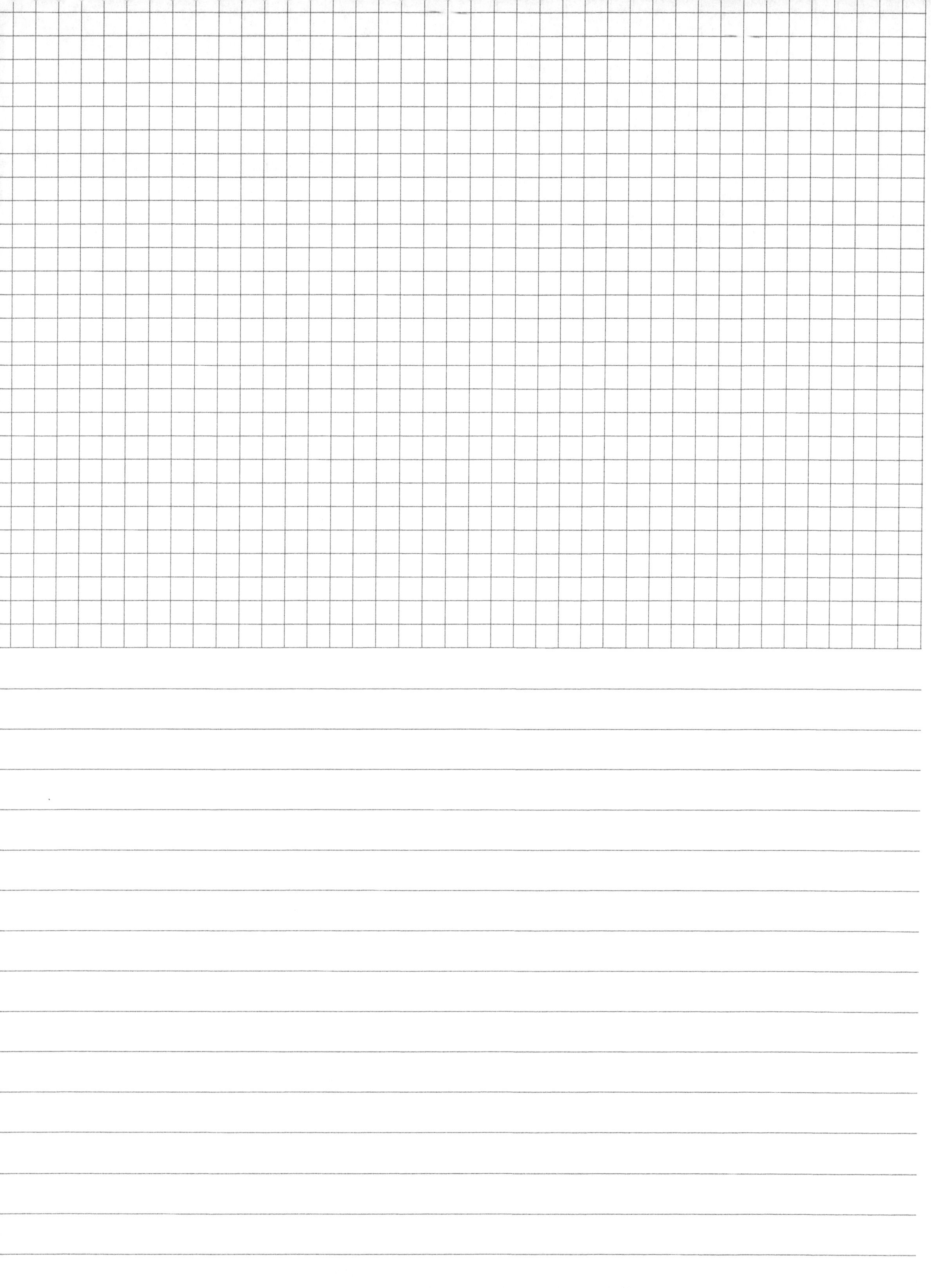

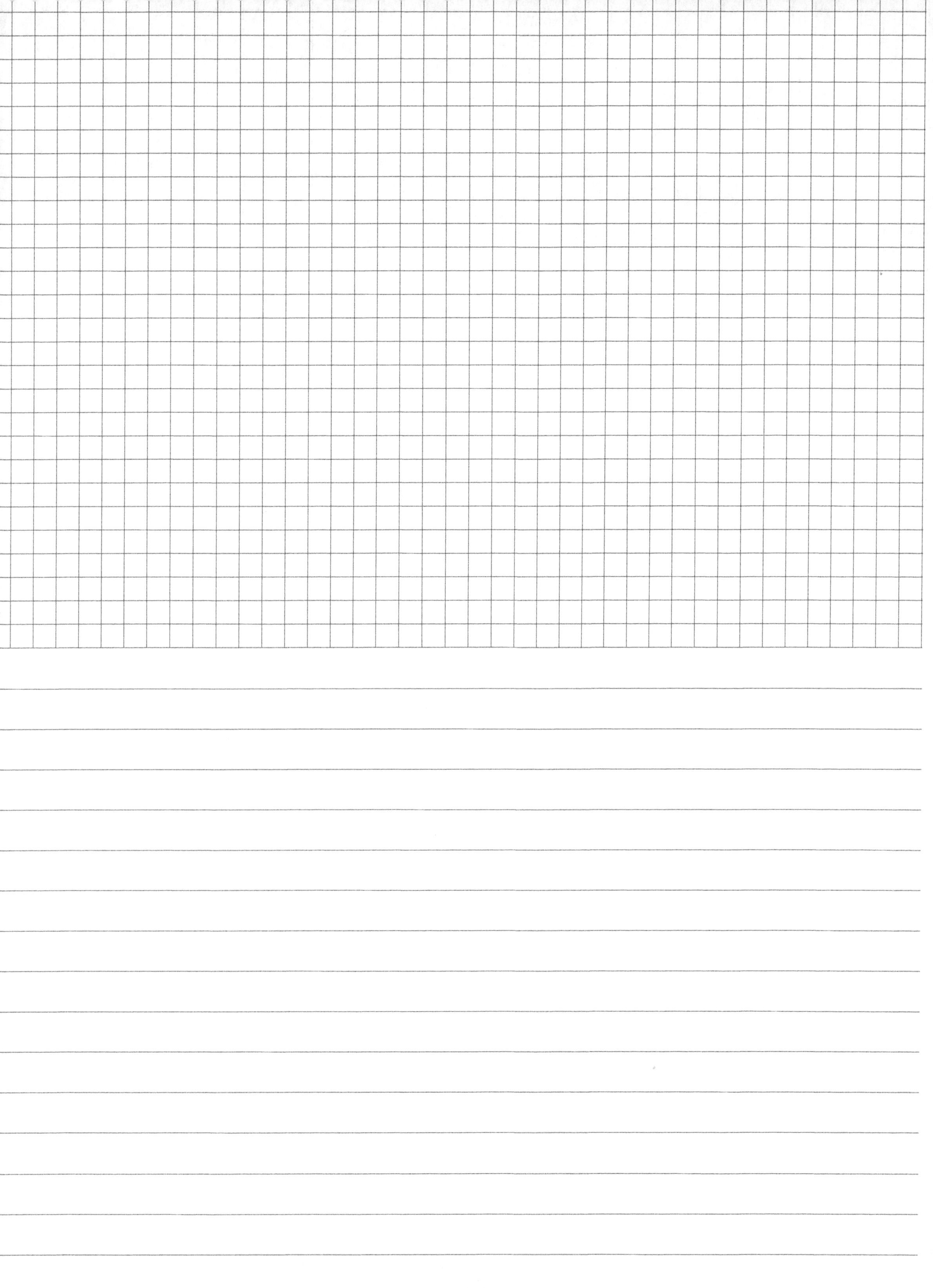

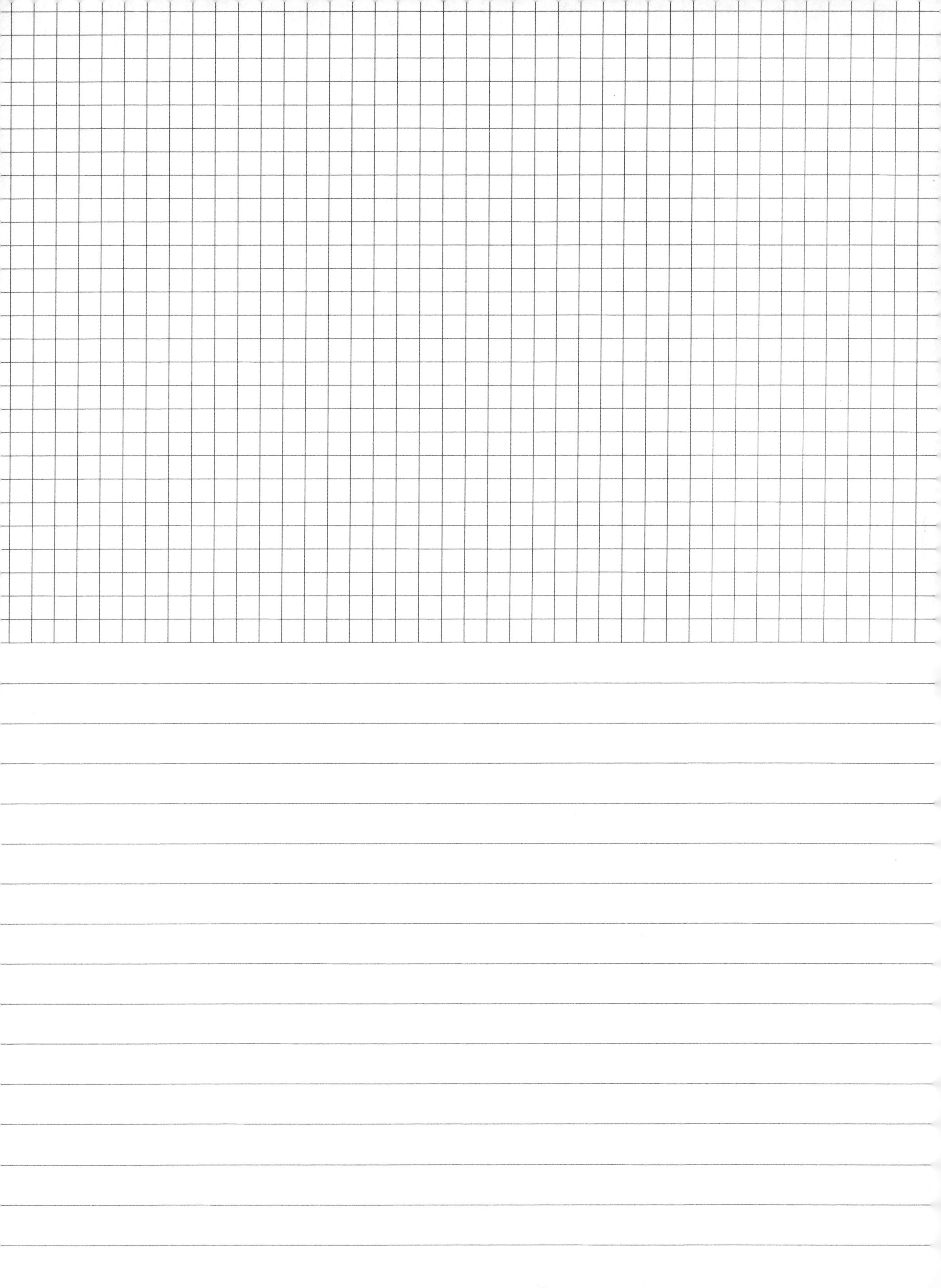

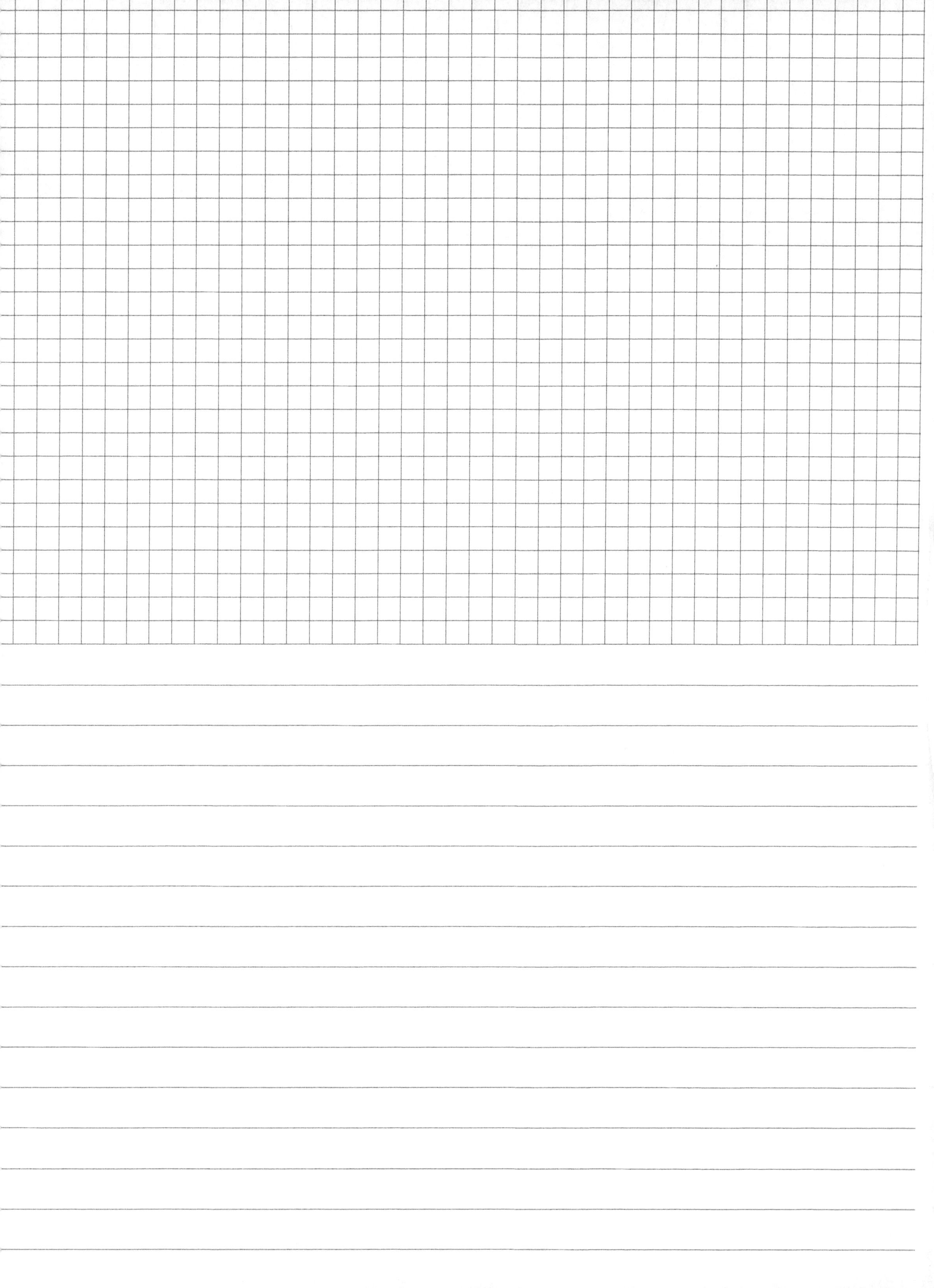

Printed by BoD™in Norderstedt, Germany